AF212016

¡LA FIEBRE DEL FÚTBOL!

Escrito por
ALAN DURANT

Ilustrado por
KATE LEAKE

Picarona

Mi hermano pequeño solía ser normal.
Hacía las cosas normales que hacen
los hermanos pequeños.

Se disfrazaba
de pirata.

Se tumbaba en el sofá para ver dibujos animados.

¡LA FIEBRE DEL

FÚTBOL!

Creo que se contagió de papá. Mamá dice que papá
ha tenido la fiebre del fútbol desde que era pequeño.
Dice que no existe la cura.

Mi hermano pequeño no tiene
ni manchas ni sarpullidos.
Y no parece nada distinto.

Pero se comporta ¡como un LOCO!

No puede parar de patear cosas.
Enrolla sus calcetines
y los lanza por el pasillo.

Da patadas a piedras por el camino.

Patea balones en el jardín.

A veces me da algún golpe, aunque no es adrede. Eso es lo que pasa cuando tienes la fiebre del fútbol.

No habla de nada más que no sea fútbol,

fútbol,

fútbol.

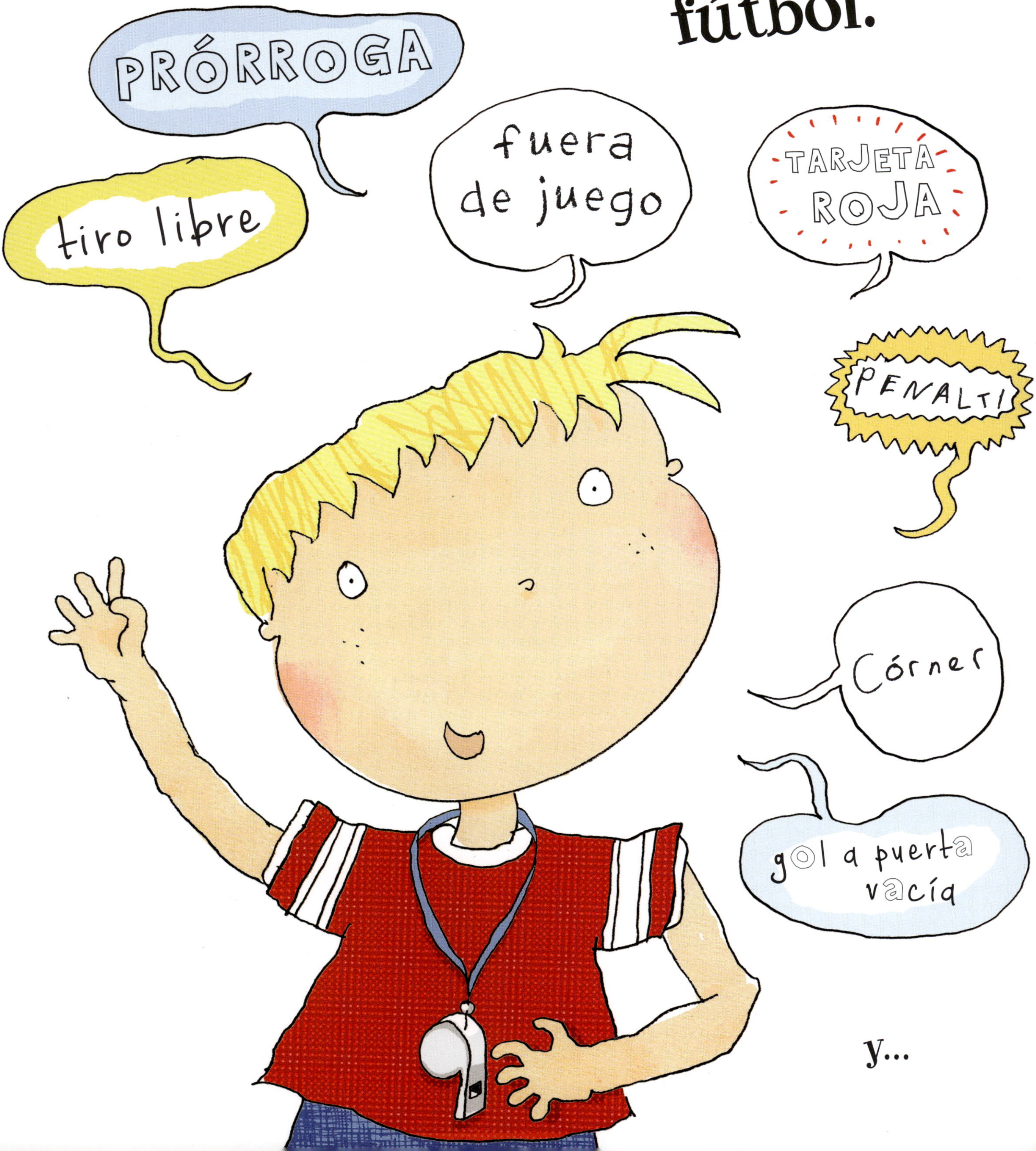

y...

—William, me estás dando dolor de cabeza -dice mamá.

—No puede evitarlo -respondo-. Tiene la fiebre del fútbol.

—Creo que es hora de que te lleve a un club
de fútbol para aprender a jugar -dijo papá.
—¡SÍ! -gritó mi hermano pequeño.
Alzó los puños al aire y se puso la camiseta
por encima de la cabeza.

El domingo pasado, papá llevó
a mi hermano a un club de fútbol.
Yo también tuve que ir.
—El aire fresco te irá bien
-me dijo papá.

FÚTBOL
CADA
DOMINGO

Había muchos niños ahí,
algunos de la edad de mi
hermano y otros un poco
más mayores, como yo.

Primero entrenaron un poco.

Luego practicaron pasar, chutar y patear el balón a través de una línea de conos.

Mi hermano pequeño no era demasiado bueno en esto. ¡Tiró la mayoría de los conos al suelo!

Luego pusieron a todos
los niños en dos equipos
para jugar un partido.

Mi hermano
pequeño estaba
muy emocionado.
Su equipo llevaba
camiseta roja.

Mi hermano pequeño corrió por el campo
como si estuviera loco. Persiguió y persiguió,
pero no pudo alcanzar el balón.

Pero, aun así, sonreía
como un demente.
—¡Esto es genial!
-gritó.

Entonces mi hermano pequeño empezó a patear el balón...

Pero no siempre iba en la dirección correcta.

Hasta que le dieron un balonazo en la cara y después de eso dejó de correr un rato.

Pero luego la fiebre volvió de nuevo y siguió corriendo.

En el descanso, el marcador estaba cero a cero. Nadie había marcado.

En la segunda parte, mi hermano
pequeño corrió más que nunca.
La pelota fue de un lado a otro,
y mi hermano la siguió sin parar.

—¡VAMOS,

WILLIAM! –grité.

Realmente quería que el equipo rojo ganara.

De repente, uno de los
niños más grandes del
equipo de mi hermano
pequeño cogió el balón
y corrió por el campo.

Mi hermano pequeño corrió detrás de él.
El niño grande le pasó el balón.

Estaba justo delante de la portería.

—¡Chuta! -gritó papá.

Yo también quería gritar, pero estaba muy emocionada.

Mi hermano pequeño pateó el balón...

...y se cayó.

Pero el balón entró.

¡GOL!

Papá y yo saltamos emocionados
y nos abrazamos. Mi hermano
pequeño corrió por el campo
agitando las manos en el aire.

Era su primer gol, y fue el de la victoria.
¡El equipo rojo había ganado!

Ahora mi hermano pequeño
tiene aún más fiebre del
fútbol que antes.

¿Pero sabes qué?